Katja Reider

Geschichten
vom kleinen Elefanten

Illustrationen von Sabine Kraushaar

Loewe

Die Deutsche Bibliothek – CIP-Einheitsaufnahme

Bildermaus-Geschichten vom kleinen Elefanten / Katja Reider.
Ill. von Sabine Kraushaar.
– 1. Aufl. – Bindlach : Loewe, 2002
(Bildermaus)
ISBN 3-7855-4131-7

Ein besonderes Dankeschön
an meinen Berater, Prof. Dierk Franck,
Zoologisches Institut, Universität Hamburg

K.R.

*Der Umwelt zuliebe ist dieses Buch
auf chlorfrei gebleichtem Papier gedruckt.*

ISBN 3-7855-4131-7 – 1. Auflage 2002
© 2002 Loewe Verlag GmbH, Bindlach
Umschlagillustration: Sabine Kraushaar
Reihengestaltung: Angelika Stubner

www.loewe-verlag.de

Inhalt

Pilo findet Wasser

Schon lange ziehen die

durch die trockene  .

Sie suchen  . Auch Pilo, der

kleine  , ist sehr durstig.

Aber am blauen  ist keine

einzige  zu sehen. Und

der  ist weit weg.

„Trödel doch nicht so, Pilo!", ruft

Mama . Sie führt die

durch die . Alle machen,

was sie will. Alle, nur Pilo nicht!

Der kleine  ist sooo müde.

Dort, neben dem , will er sich

ausruhen, bis die  untergeht.

Aber Mama  klatscht

warnend mit ihren großen .

Das bedeutet: „Komm sofort

hierher, Pilo!" Der kleine

steht seufzend auf. Doch dann

sieht er plötzlich einen

hinter dem  .

Der  trägt viele saftige  .

Also muss  darunter sein!

Mit dem  beginnt Pilo,

ein  zu graben. Jetzt kommen

auch die anderen  .

Alle graben eifrig. Ein  neben

dem anderen. Tatsächlich!

Da ist  ! Pilo trinkt. Hmm,

schmeckt das gut!

Nachdem alle  getrunken

haben, kommen auch

und  , einige  und

viele  . Alle freuen sich

über das  .

Und Pilo hat es entdeckt!

Der kleine  ist sehr stolz.

Zärtlich streicht Mama  mit

ihrem  über Pilos  .

„Gut gemacht, Pilo!"

Pilo verläuft sich

Am liebsten spielt Pilo mit den

anderen kleinen  .

Sie ziehen sich am  und

schlingen ihre  zu  .

Aber heute ist Pilo ganz allein.

Der kleine  langweilt sich ein

bisschen. Was soll er nur spielen?

Nanu! Der kleine  stellt

seine  auf wie große  :

Wer maunzt denn da? Pilo hebt

witternd den  . Oh, da ist ja

eine kleine  !

Ob die mit Pilo spielen will? Aber

die  fürchtet sich vor Pilos

schweren  und rennt weg.

„Warte!", ruft der kleine .

„Ich tue dir nichts!"

Eilig trabt Pilo hinter der  her.

So laufen sie den  hinunter

bis zu den  der  . Dort

verschwindet die  in einer

der  . – Schade!

Aus allen   kommen

plötzlich  gelaufen. Sie

rufen aufgeregt durcheinander.

Der kleine  erschrickt.

Was wollen die  von ihm?

Pilo hebt seinen  und quiekt

ängstlich: „Mama!" Mama

hat Pilo gehört. Sofort ruft sie die

anderen  .

Und schon donnern schwere

den  hinunter. Pilo zittert.

Oje! Die  werden die

niedertrampeln! Dabei haben ihm

die  doch gar nichts getan!

Schnell läuft der kleine

den anderen entgegen. „Stopp!",

trompetet er. Erstaunt senken

die  ihre  : Da ist

Pilo ja! Und ihm ist nichts passiert!

„Warum bist du denn zu den

der   gelaufen?", fragt

Mama . Zerknirscht erzählt

Pilo ihr von der 🐱.

Morgen will der kleine

lieber wieder mit den anderen

kleinen  spielen. Mal

sehen, wen Pilo dann am

ziehen kann ...

Pilo rettet Papa

Pilo freut sich: Papa  ist

wieder da! Er ist fast doppelt so

groß wie Mama  und

sehr stark! Mit seinem  kann

er einen  fällen, und mit

seinen  die  abschälen.

Und  frisst Pilo am liebsten.

Aber jetzt schläft Papa  .

Nicht weit entfernt spielt Pilo mit

den anderen kleinen  in

einem  .

Pilo liebt den weichen  aus

vermoderten  und  .

Und wie schön es hier nach

duftet! Plötzlich entdeckt der

kleine  zwei  .

Sie tragen  und  in

der  . Vorsichtig schleichen

sie durch das  . Pilo weiß:

Das sind gefährliche  !

Sie jagen  .

Später verkaufen sie die  für

viel  . Die  werden dann

zu teurem  verarbeitet.

Papa  hat die  nicht

bemerkt. „Schnell!", trompetet der

kleine  .

„Wir müssen Papa  helfen!"

„Aber wie?", rufen die anderen.

„Die  mit den  fürchten

sich nicht vor uns kleinen  !"

„Wenn wir uns hinter den

und  verstecken, merken

die  vielleicht nicht, dass wir

noch so klein sind", sagt Pilo. Die

kleinen  rennen sofort los.

Oje, Papa   schläft noch

immer! Die [Bild] stehen direkt vor

ihm. Schon erheben sie ihre [Bild].

Da trompetet Pilo, so laut er kann.

Die kleinen  schlagen

ihre  auf den . Es

klingt wie eine riesige .

Die  erstarren. Sie lassen

ihre  fallen und flüchten.

Endlich wacht Papa  auf.

Er grunzt verschlafen: „Ich habe

geträumt, Pilo. Zwei  mit

langen  waren hinter mir

her. Und du hast mich gerettet!"

Papa  lacht. „Lustig, was?

Du bist doch fast noch ein  !"

Pilo kitzelt Papa  mit

seinem  hinter den  :

„Träum weiter, Papa", kichert er.

Pilo badet

„Komm, Pilo", sagt Mama .

„Wir wollen baden." – Au ja! Erst

schwimmt der kleine durch

den großen . Dann trabt

er hinüber zu dem mit

dem . Mama saugt

den mit ihrem ein.

Sie spritzt ihn auf ihre . Pilo

springt einfach mitten hinein in

den . – Platsch! Da kommen

auch schon die anderen ,

und alle bespritzen sich mit .

Pilo ist glücklich: Der  ist

herrlich kühl und vertreibt die

dummen  von Pilos .

Neben dem  hockt ein

kleiner  auf einem .

„So wie die kleinen  möchte

ich auch baden", seufzt der  .

„Mit  zu werfen ist bestimmt

viel lustiger, als sich mit

und  zu waschen!"

Die Wörter zu den Bildern:

 Elefanten

 Ohren

 Steppe

 Busch

 Wasser

 Blätter

 Himmel

 Rüssel

 Wolke

 Loch

 Fluss

 Zebras

 Felsen

 Giraffen

 Sonne

 Affen

 Vögel

 Menschen

 Kopf

 Baum

 Schwanz

 Stoßzähne

 Knoten

 Baumrinde

 Fächer

 Wäldchen

 Katze

 Teppich

 Füße

 Zweige

 Weg

 Blumen

 Hütten

 Männer

 Speere

 Baby

 Messer

 Tümpel

 Hand

 Schlamm

 Geld

 Haut

 Schmuck

 Mücken

 Boden

 Junge

 Trommel

 Seife

Katja Reider, geboren 1960 in Goslar, arbeitete nach dem Germanistik/Publizistik-Studium als Pressesprecherin des Wettbewerbs *Jugend forscht* – bis sie 1994 kurz vor der Geburt ihres ersten Kindes zu schreiben begann.
In rascher Folge entstanden zahlreiche Kinder- und Jugendbücher, die in viele Sprachen übersetzt wurden. Katja Reider lebt mit ihrem Mann und ihren beiden Kindern als freie Autorin in Hamburg.

Sabine Kraushaar zeichnete schon, als sie gerade mal einen Bleistift festhalten konnte. Ihr großer Traum war, später Kinderbücher zu illustrieren. Sie studierte Grafik an der Kunstakademie in Maastricht. Danach machte sie sich selbstständig. Und 1995 ging ihr Kindheitstraum in Erfüllung.

Mit Bildern lesen lernen

Geschichten vom Fußballplatz
Werner Färber
Rooobert Bayer

Geschichten von der Dachboden-Bande
Hermien Stellmacher

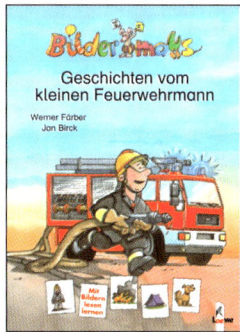

Geschichten vom kleinen Feuerwehrmann
Werner Färber
Jan Birck

Geschichten vom kleinen Indianer
Werner Färber
Gabi Selbach

Geschichten aus der Schule
Werner Färber
Klaus Puth

Geschichten vom kleinen Pony
Werner Färber
Sabine Kraushaar

Geschichten von der netten Krankenschwester
Werner Färber
Pia Eisenbarth

Geschichten vom kleinen Pinguin
Werner Färber
Michael Schober

Geschichten vom kleinen Zauberer
Werner Färber
Markus Humbach

Geschichten vom kleinen Weihnachtsmann
Werner Färber
Katharina Wieker

Geschichten vom kleinen Elefanten
Katja Reider
Sabine Kraushaar

Geschichten von der Uhr
Werner Färber
Angela Weinhold

Geschichten von der kleinen Hexe
Werner Färber
Mara Wissmann

Stufe für Stufe zum Leseerfolg!